GO GO 世界旅行!

MW01715420

小王子的赛车派对

[韩] 金慧善(김혜선) 著 [韩] 江英秀(강영수) 绘 陈曦 译

人民东方出版传媒
People's Oriental Publishing & Media
東方出版社
The Oriental Press

法国巴黎的小王子非常喜欢赛车，

不过他还是个小孩哪。

王冠戴在他的头上，

显得太大了，一低头就会往下掉。

“王冠怎么这么大呀！”

小王子嘟嘟囔囔地说。

听了他的话，

站在一旁的大臣们都忍不住笑了。

巴黎（Paris），法兰西共和国首都和最大城市，法国的政治、经济、文化、商业中心，全球仅次于纽约、伦敦的第三大国际大都市，是一座繁华而美丽的世界名城和旅游胜地。

今天小王子要做的事太多了。

“10 点要参加国家安全委员会会议。”

“12 点要和邻国国王共进午餐。”

"下午 2 点要参加世界儿童绘画大奖赛的颁奖典礼。"

"下午 4 点要在'宠物之爱'活动中选出最棒的小狗。之后要参加……"

"我受够了！什么时候才能去赛车？"

看到小王子这样的反应，大臣们也吓了一跳，
他们连忙发布了举办赛车活动的告示。
小王子特别兴奋，
每天都在想象会有什么样的赛车来参加比赛。

小王子开始周游整个国家，
希望能在这次比赛中集合所有最好的赛车。
星期一的早晨，小王子来到一片金黄色的麦田中，
在这儿他发现了一辆帅气的红色跑车。

跑车主人全家都坐在上面，这是要去哪儿呀？

小王子朝着红色跑车大声喊道：

“星期天中午12点要来埃菲尔铁塔哦！”

星期二，小王子来到了一条林间小路，
在这儿他看见了一辆颜色十分鲜艳的汽车。

这么着急是要去哪儿啊?

小王子朝着汽车大声喊道:

“星期天中午12点要来埃菲尔铁塔哦!”

星期三，小王子来到了海边的一处小村庄，
许多汽车在路上缓缓行驶。
小王子朝着它们大声喊道：
“星期天中午 12 点要来埃菲尔铁塔哦！”

香榭丽舍大街是巴黎主要的旅游景点之一，有着上百年的历史。街道两旁的 19 世纪建筑，为这条大道增添了巴黎特有的浪漫气息。

星期四，小王子和随从一起来到香榭丽舍大街，
这里也有好多汽车。
它们都是要去哪里呀？
小王子朝着汽车大声喊道：
“星期天中午 12 点要来埃菲尔铁塔哦！”

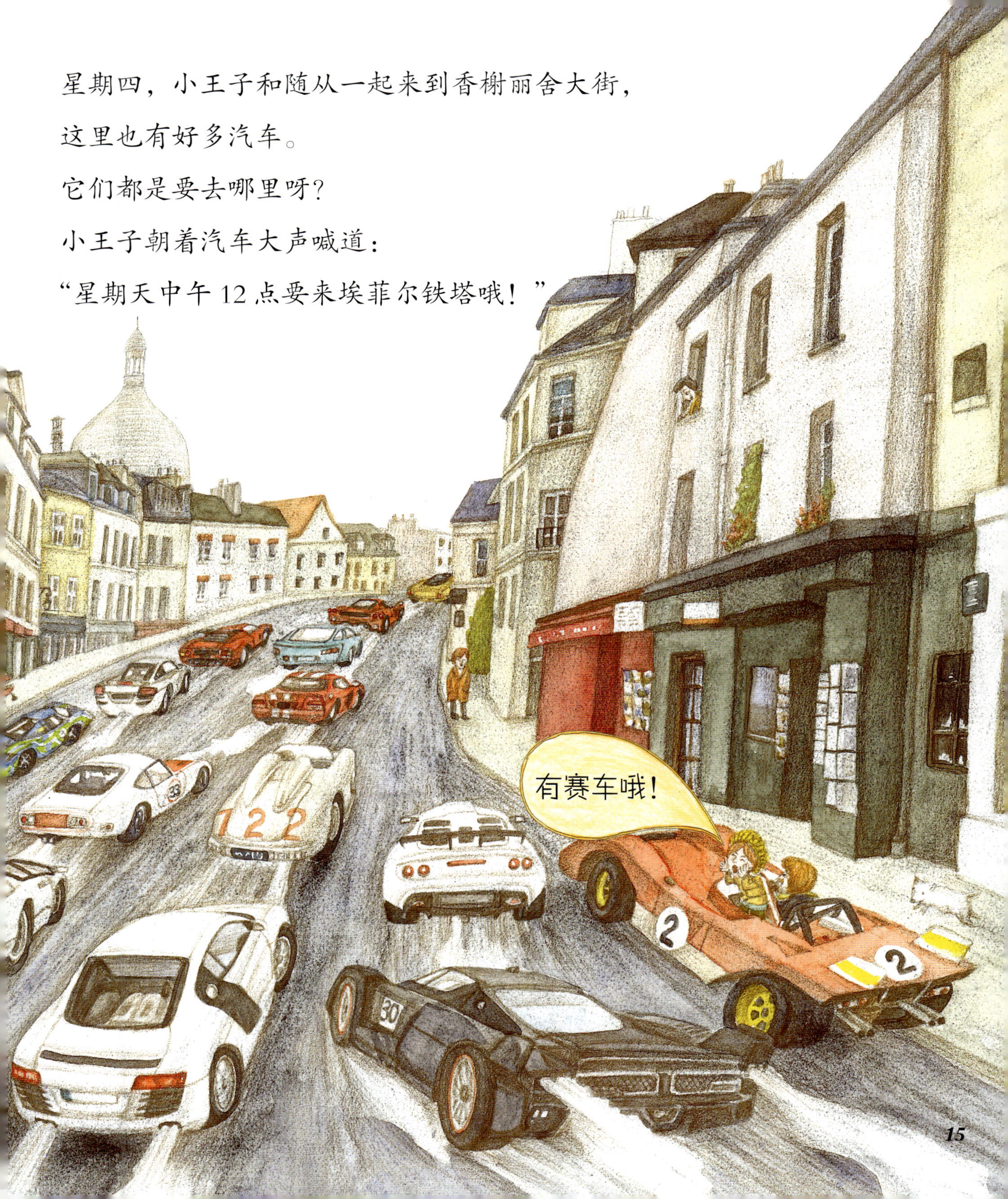

星期五小王子来到了塞纳河畔。

“轰轰轰”向前行驶的车辆把河边的整条路都塞满了。

它们都是要去哪里呀？

小王子朝着汽车大声喊道：

“星期天中午 12 点要来埃菲尔铁塔哦！”

塞纳河全长 780 公里，是欧洲最具历史意义的大河之一，其排水网络的运输量占法国内河航运量的大部分。巴黎是在该河一些主要渡口上建立起来的，河流与城市的相互依存关系紧密而不可分离。

星期六，小王子来到了卢浮宫前。

听说今天有艺术品展览，

虽然特别想进去看看，

但小王子没有忘记自己来这儿的目的。

他朝着汽车大声喊道：

“星期天中午12点要来埃菲尔铁塔哦！”

卢浮宫，是世界上最古老、最大、最著名的博物馆之一。位于法国巴黎市中心的塞纳河北岸，以收藏丰富的古典绘画和雕刻而闻名于世，是法国文艺复兴时期最珍贵的建筑物之一，也是法国历史上最悠久的王宫。

有赛车哦！

埃菲尔铁塔，是一座于 1889 年建成的位于法国巴黎战神广场上的镂空结构铁塔，高 300 米，天线高 24 米，总高 324 米。埃菲尔铁塔得名于设计它的桥梁工程师居斯塔夫・埃菲尔。铁塔设计新颖独特，是世界建筑史上的技术杰作，因而成为法国和巴黎的一个重要景点和突出标志。

星期日终于来了，小王子来到埃菲尔铁塔前，兴奋得心脏“怦怦”直跳。

“哦耶！这里聚集着数百辆，不，是上千辆汽车！”

这里也是汽车，那里也是汽车，

这简直就是一片汽车的海洋。

小王子从数千名赛车手中脱颖而出，

成为了最棒的赛车王。

累了一天，也兴奋了一天，
小王子在微笑中进入了梦乡。

“小亮，快起来！今天有你最喜欢的赛车。”

爸爸边叫小亮起床边说：

“这孩子，又是玩着汽车玩具睡着的。”

嗡嗡嗡嗡！

小亮和爸爸妈妈来到了赛车场地。周围的观众都在大声支持着自己喜欢的车队。

小亮兴奋地对爸爸说：

“爸爸，爸爸，快看那个得了第一名的赛车，

和我昨天梦见的一模一样啊！”

小贴士之赛　车

赛车是一种特殊的汽车，着力于速度和汽车性能方面进行制造。赛车的重量非常轻，即使加上内部装饰及车载空调，车的总重量也只有普通车辆的1/3左右。赛车分为场地赛车、非场地赛车及拉力赛车三种。场地赛车在规定的封闭场地中进行比赛，非场地赛车和拉力赛车基本的比赛场地不是封闭的。

◀纳斯卡赛车

是一种赛车用汽车，适合于远距离高速行驶。

▼世界拉力锦标赛赛车

国际汽车联合会在世界范围内，举行非场地赛车比赛。通常是在一般路段的指定区域内。

▲一级方程式赛车

这种赛车必须依照国际汽车联合会制定颁发的车辆技术规则规定的方程式制造，包括车体结构、长度和宽度、最轻重量、发动机容积、汽缸数量、油箱容量、电子设备、轮胎的距离和大小等。一级方程式赛车的车体又细又长，车轮位于车身两侧，只有一个座位。

一级方程式赛车的速度比普通汽车在高速公路上行驶速度还要快数倍。

▼可以在泥湿地中行驶的非场地赛车

▼可以在沙漠中奔驰的非场地赛车

GOGO 世界旅行系列

《GOGO 世界旅行！》是一套世界地理、文化、历史、风俗等知识的启蒙书。一幅幅形象又可爱的图片，以及点缀其中的些许文字，讲述着世界的精彩。跟着小主人公们乘坐不同的交通工具我们一起完成了一次世界环球旅行。这一系列的图书偏重人文，而又不失自然科学意义上的严谨，帮助孩子们在童年时期就触摸到了精彩的异国文化。

GOGO 世界旅行系列

GO GO 世界旅行!
小王子的
赛车派对

GO GO 世界旅行!
小小拖车的大大梦想

GO GO 世界旅行!
魔法师小叮当
在纽约

GO GO 世界旅行!
滚动吧，
小车轮

GO GO 世界旅行!
坐公交车的猫

GO GO 世界旅行!
托比的
野生动物园之旅

GO GO 世界旅行!
熊大妈的
花帽子

GO GO 世界旅行!
发明博士
和汽车

图书在版编目（CIP）数据

GOGO世界旅行！. 小王子的赛车派对 /（韩）金慧善 著；（韩）江英秀 绘；陈曦 译. —北京：东方出版社，2013.3
（旅行童话集）
ISBN 978-7-5060-6216-9

Ⅰ.①G… Ⅱ.①金… ②江… ③陈… Ⅲ.①儿童文学—图画故事—韩国—现代
Ⅳ.①I312.685

中国版本图书馆CIP数据核字（2013）第067060号

GOGO世界旅行！小王子的赛车派对
（GOGO SHIJIE LÜXING! XIAOWANGZI DE SAICHE PAIDUI）

作　　者：[韩] 金慧善
绘　　者：[韩] 江英秀
译　　者：陈　曦
责任编辑：黄　娟　唐　华
出　　版：东方出版社
发　　行：人民东方出版传媒有限公司
地　　址：北京市东城区朝阳门内大街166号
邮政编码：100706
印　　刷：北京京都六环印刷厂
版　　次：2013年6月第1版
印　　次：2016年2月第6次印刷
印　　数：28001—48000册
开　　本：889毫米 × 1194毫米　1/20
印　　张：1.6
字　　数：15千字
书　　号：ISBN 978-7-5060-6216-9
定　　价：15.00元
发行电话：（010）64258117　64258115　64258112